玩转美工区

王 军 郑 蕾◎编著

天津出版传媒集团

天津人民出版社

图书在版编目（CIP）数据

玩转美工区/王军，郑蕾编著. -- 天津：天津人
民出版社，2022.6
ISBN 978-7-201-18470-8

Ⅰ．①玩… Ⅱ．①王… ②郑… Ⅲ．①美术课–学前
教育–教学参考资料 Ⅳ．①G613.6

中国版本图书馆CIP数据核字（2022）第094223号

玩转美工区
WANZHUAN MEIGONGQU

出　　版　天津人民出版社
出 版 人　刘　庆
地　　址　天津市和平区西康路35号康岳大厦
邮政编码　300051
邮购电话　（022）23332469
电子邮箱　reader@tjrmcbs.com

责任编辑　陈　烨
装帧设计　叶杨杨

制版印刷　武汉鑫佳捷印务有限公司
经　　销　新华书店
开　　本　787毫米×1092毫米　1/16
印　　张　9
字　　数　111千字
版次印次　2022年6月第1版　2022年6月第1次印刷
定　　价　98.00元

编委会

（按姓氏笔画排序）

主　编：王　军　郑　蕾

编　委：王继荣　王　悦　王　航　毛　玲　占　蓓
　　　　许培霞　朱　珍　向　丽　李　萌　余田惠子
　　　　陈　珊　陈　赟　陈亚萍　林　晨　周　莹
　　　　周宁宁　罗庆玲　杨小曼　郑琳阳　徐颖茜
　　　　蔡　艳

前　言

　　武汉蓝天幼儿园倡导并践行"尚美"教育理念，探索"以美育人，育尚美之人"的育人之路，通过"境美育情、健美育身、艺美育心、尚美育德"四个维度，打造"尚美"校园文化，构建"尚美"园本课程体系，引导师幼感受美、表现美、创造美和崇尚美。

　　我们认为，美工区是为幼儿提供自由欣赏、个性创作、感受美、表现美和创造美的重要场所，是提供立体的、多维度的、融合的、体验性的材料及操作的空间，是促进幼儿艺术思维、艺术语言、艺术表达形式和探索能力发展的处所，是将尚美办园理念落实到区域活动中，与军营文化、体育运动、音乐表现等三大园本特色融合的个性化游戏学习区域。

　　《玩转美工区》一书以创设"尚美创艺"美工区的幼儿区域自主游戏为出发点，以美术活动与多元要素相融合作为内容。在美工区自主创意活动中渗透军营文化元素、体育运动元素、音乐表现元素，将尚美特色与儿童趣味相融合，力求创造出让幼儿乐学、趣学、活学的艺术活动氛围。

　　当军营特色与美工相遇，是磅礴力量与美的交融和展现，是战斗精神

与美的传承和创新，是爱国情怀与美的憧憬和升华。将军营特色与儿童趣味紧密融合，顺应孩子的天性，满足幼儿美工区活动发展需要。

不积跬步无以至千里，不积小流无以成江海。在与体育运动特色融合的美工区活动中，我们初见其形，探其点；深究其中，掘其线；坚持不懈，显其面；苦中有乐，得其髓，与园本课程融合后形成了融体育运动之健美、创美工活动之艺美、塑班级环境之境美、育幼儿心灵之纯美、扬中华传统之德美的系列美工区活动。

与音乐特色融合的美工区游戏活动致力于让幼儿在宽松、愉快的环境中尽情发挥创造性思维，发掘他们的创造潜能。音乐能促进人情感的表达，音乐节奏能带动幼儿画出点、线、面，音乐旋律能启发幼儿表现色彩、构图上的美，音乐的快、慢、强、弱可以用图形的长短、大小、粗细、浓淡来表现。

"音画融溶相贯通，绘声绘色乐无穷。"富有层次地将音乐与美术融合至美工区游戏中，重在感受，难在表达。我们就是要让幼儿用美工活动中的线条、色彩、构图去解读音乐的节奏、旋律、情感，用看得见的形与色去展现听到并感悟到的声与情，使幼儿的眼、耳、心同步获得美的滋养。

《玩转美工区》一书主张教师用游戏精神重塑教育观，确立幼儿在前、教师伴随的意识，确保幼儿在游戏中的主体地位，明确教师在幼儿游戏中的角色定位，做一名合格的观察者、支持者、合作者和引导者。立足课程理念，我们力求教师在实践操作层面发挥重要指导作用，为每一个美工区活动提供丰富多彩的活动指导，激发幼儿游戏意愿，引导幼儿游戏操作，从而启发幼儿在美工区主动游戏，产生自主、愉悦、创造、挑战和成功等游戏性体验，让游戏精神在美工区活动中熠熠闪烁。

　　本书尚有许多稚嫩不足之处，因为参加美工区游戏设计与实施的是一群年轻的幼教人，一群有教育情怀的蓝天幼教未来接班人，谨以此书致青春，愿我们的青春不负梦想！

目　录

军 营 篇

体 育 篇

音　乐　篇

玩转美工区

军营篇

与军营文化特色融合的"创意无限满军营"系列美工区活动

游戏一：小兵来作战

一、游戏目标

1. 愿意主动参与军事情节美工游戏。

2. 能够掌握油画棒平涂技巧及简单的线条绘画方法。

二、游戏玩法

玩法一：（难度指数：★）

（一）游戏材料

油画棒、印有红蓝双方卡通士兵的画纸若干。

（二）游戏步骤

1. 幼儿选择一张印有蓝方卡通士兵的画纸，如图1-1。

图 1-1

2.运用油画棒使用平涂的方式消灭（覆盖）蓝方士兵，如图 1-2。

图 1-2

（三）指导要点

1.结合游戏情景，引导幼儿运用上下来回的手法进行平涂。

2.创作时可引导幼儿根据图纸上士兵的颜色，选取对比色进行游戏。

玩法二：（难度指数：★）

（一）游戏材料

简易军事地图半成品、红旗、胶棒、油画棒。

（二）游戏步骤

1.幼儿自主选择难易程度不同的简易军事地图，如图1-3。

图1-3

2.根据简易军事地图上的点画出线路图，如图1-4。

图 1-4

3. 在终点处粘贴红旗，如图 1-5。

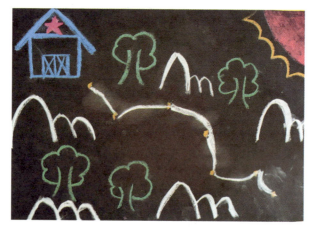

图 1-5

（三）指导要点

1. 教师可引导幼儿观察画面信息，逐步引导幼儿用直线、曲线或折线进行绘画。

2. 粘贴红旗时注意区分方向。

游戏二：占地部署

一、游戏目标

1.喜欢参与关于军事主题的美工游戏，体验游戏的乐趣。

2.知道海、陆、空三军的特点。

3.能够运用折纸、泥工（搓、团、捏）等手法制作三军人物模型及武器模型，并进行组合展现军事场景。

二、游戏玩法

玩法一：（难度指数：★★★）

（一）游戏材料

自制沙盘（空盘或半成品），三军人物模型，武器小模型（飞机、掩体、坦克、军用运输车、围栏、国旗），绿、白、蓝、黑、肤色超轻黏土，皱纹纸。

（二）游戏步骤

1.自主选择半成品沙盘或空盘沙盘，如图1-6。

图1-6

2. 根据投放的军事武器模型、人物模型，进行摆放布局，如图 1-7。

图 1-7

3. 能用捏、画、折等不同技巧填充场景，如图 1-8。

图 1-8

（三）指导要点

1.教师可根据幼儿能力适当进行难度调整，选取适宜的材料。

2.活动时可引导幼儿根据陆军、空军军事作战特点进行布局。

玩法二：（难度指数：★★★）

（一）游戏材料

山地模型盘，绿、白、蓝、黑、肤色超轻黏土，子弹壳，万能胶水，

红旗，石头。

（二）游戏步骤

1.使用子弹壳制作军事武器模型，如图1-9。

图1-9

2.使用超轻黏土制作小士兵模型，然后将辅助材料摆放在山地模型盘

上，丰富作品，如图1-10。

图 1-10

（三）指导要点

1. 用胶水粘贴子弹壳制作军事武器时，必要时教师给予帮助。

2. 在幼儿制作过程中，教师可激发幼儿使用多种材料的欲望，鼓励幼儿运用不同美术技巧。

与军营文化特色融合的"别具匠心造军形"系列美工区活动

游戏三：我是小小兵

一、游戏目标

1. 喜欢参与美术游戏活动，体验游戏的乐趣。

2. 能掌握粘贴、喷画、油水分离等美术技法。

3. 大胆地运用各种作画工具，锻炼手部精细动作。

二、游戏玩法

玩法一：（难度指数：★）

（一）游戏材料

卡通小士兵身体模型、幼儿头像、头盔模型、胶棒。

（二）游戏步骤

1.选择自己喜欢的卡通小士兵身体模型，然后找到自己的头像，如图 1-11。

图 1-11

2.将自己的头像粘贴在小士兵身体模型上，如图 1-12。

图 1-12

（三）指导要点

粘贴时提醒幼儿注意头像与身体部分的衔接。

玩法二：（难度指数：★★）

（一）游戏材料

白色绘画纸、镂空板、彩色颜料、喷画壶、抹布、工作服、勾线笔。

（二）游戏步骤

1.幼儿选择喜欢的镂空板，并在下面垫上一张白纸。然后挑选装有不同彩色颜料的喷画壶，如图 1-13。

图 1-13

2.进行喷画，把镂空的地方喷满，如图 1-14。

图 1-14

3.把镂空板移开，图案就会在白纸上呈现出来，然后进行添画，如图 1-15。

图 1-15

（三）指导要点

1. 喷画时可引导幼儿调整喷壶与画纸的距离，从而使作品色彩有层次性。

2. 喷画中要提醒幼儿不能随意挪动镂空图案的位置。

玩法三：（难度指数：★★）

（一）游戏材料

油画棒、白色绘画纸、彩色颜料、抹布、工作服、排笔。

（二）游戏步骤

1. 使用白色油画棒描绘卡通小士兵轮廓，如图 1-16。

图 1-16

2. 油水分离：用稀释颜料为其背景上色，如图 1–17。

图 1–17

（三）指导要点

1. 幼儿可根据自己想法进行作画，不应局限于固定方式。

2. 提醒幼儿上色采用渐变色、对比色，从而使卡通小士兵形象更醒目。

游戏四：帅气迷彩服

一、游戏目标

1. 体验制作迷彩服的乐趣。

2. 了解迷彩服的颜色组成。

3. 能够用多种方式和材料，运用不同的色彩搭配表现迷彩服。

二、游戏玩法

玩法一：（难度指数：★）

（一）游戏材料

剪好迷彩服外形的宣纸、迷彩色系（绿色、蓝色、黑色等）颜料喷壶。

（二）游戏步骤

1.幼儿自主选择迷彩服宣纸和颜料喷壶，如图1-18。

图 1-18

2.幼儿在迷彩服宣纸上搭配喷色，注意要将宣纸喷满，如图1-19。

图 1-19

3.将完成的作品拿到室外晾晒。

（三）指导要点

活动之前，幼儿应有认识迷彩服的经验，知道不同军兵种迷彩服的颜色不同，能选择相应色系进行创作。

玩法二：（难度指数：★）

（一）游戏材料

透明塑料袋，剪好的深绿、浅绿、褐色皱纹纸纸片，固体胶棒，剪刀。

（二）游戏步骤

1. 选择塑料袋，将塑料袋底部剪开，如图 1–20。

图 1–20

2. 根据军兵种选择相应颜色的迷彩碎片，用胶棒将纸片贴在塑料袋上，如图 1–21。

图 1–21

3.将制作好的迷彩服穿在身上，走秀展示自己的作品，如图1-22。

图1-22

（三）指导要点

在剪塑料袋过程中，有部分幼儿可能不会正确剪开塑料袋，教师可以在塑料袋下端画一条直线，部分幼儿可以选择画有直线的。先进行合理的布局，然后进行拼贴。

玩法三：（难度指数：★★）

（一）游戏材料

衣服轮廓图片、太空泥（深蓝、浅蓝、白色）、垫板。

（二）游戏步骤

1.选择一张上衣轮廓的画纸，以及三种不同颜色的彩泥，如图1-23。

图1-23

2.取一小块彩泥，将彩泥不规则地贴在衣服上，再取一块，继续贴，将空白处贴满，如图 1-24。

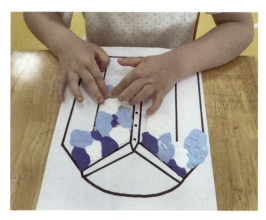

图 1-24

（三）指导要点

粘贴太空泥时，要注意引导幼儿不将彩泥贴在轮廓以外的区域，并在粘贴过程中要提醒其将颜色区分，凸显迷彩特点。

游戏五：军人真神气

一、游戏目标

1.体验泥工制作的乐趣。

2.掌握搓、团、捏、揉等手工技巧，合理搭配人物身体、四肢的比例。

3.能根据军兵种特点进行创作。

二、游戏玩法

玩法一：（难度指数：★★★）

（一）游戏材料

绿色、蓝色、白色、红色、黄色、黑色、肉色太空泥。

（二）游戏步骤

1.挑选自己想做的军兵种卡通小士兵相关色系太空泥，如图 1-25。

图 1-25

2.逐一制作卡通小士兵的头部、身体、四肢及五官，并拼搭在一起，如图 1-26。

图 1-26

3.逐步完善卡通小士兵泥塑细节，如帽子、领子、腰带等，见图1-27。

图 1-27

（三）指导要点

1.幼儿前期要有基本的手工技巧经验，如搓、团、揉、拼接等。

2.引导幼儿注意人体比例，制作卡通小士兵头像五官处，必要时给予指导。

玩法二：（难度指数：★★★）

（一）游戏材料

黑色底板、白色太空泥、颜料刷、金色颜料。

（二）游戏步骤

1.用太空泥制作卡通小士兵身体各部分，并将身体贴在黑色底板上，如图1-28。

图 1-28

2. 在贴好的卡通小士兵身上均匀涂抹上金色颜料，直至浮雕状，如图 1-29。

图 1-29

（三）指导要点

涂金色颜料时，要注意将颜料涂抹在人物上，不能涂到画纸上。

与军营文化特色融合的"精雕细琢显军威"系列美工区活动

游戏六：武器大集合

一、游戏目标

1. 愿意利用各类废旧材料进行艺术创作，激发环保意识。

2. 了解军事武器的基本结构，会自己完整地表现作品。

3. 能熟练使用各类美术工具，提高动手能力。

二、游戏玩法

玩法一：（难度指数：★）

（一）游戏材料

武器泡泡拓印板，白纸，绿色、黄色、蓝色颜料，滚画刷。

（二）游戏步骤

1. 幼儿自主选择喜欢的军事武器泡泡拓印板，如图1-30。

图1-30

2. 用滚画刷在凸起的武器造型上刷上颜色，如图1-31。

图1-31

3. 把刷好颜色的泡泡拓印版反扣在白纸上按压后拿起，如图1-32。

图1-32

（三）指导要点

1.教师要指导幼儿在武器泡泡模板上涂颜料，不在其他地方涂颜料。

2.拓印时，教师要辅助幼儿将底板印在白纸上，并用手均匀按压。

玩法二：（难度指数：★★）

（一）游戏材料

各色吸管、剪刀、双面胶、各类武器造型图。

（二）游戏步骤

1.幼儿自主选择喜欢的军事武器造型纸张，如图1-33。

图1-33

2.选取喜欢的吸管并根据图片中的线段长度进行适当裁剪，如图1-34。

图1-34

3.将裁剪的吸管用双面胶沿着武器的轮廓线粘贴在纸上，如图1-35。

图1-35

（三）指导要点

用吸管粘贴时，除了排列粘贴外，还可引导幼儿用其他方式粘贴，如卷、叠加等方式，注意颜色搭配。

玩法三：（难度指数：★★★）

（一）游戏材料

子弹壳、胶枪、白纸、勾线笔、各类武器造型图。

（二）游戏步骤

1.幼儿自主选取喜欢的武器造型图，并选取相应材料，如图1-36。

图1-36

2.将子弹壳合理粘贴到武器轮廓中或进行拼接，如图1-37。

图 1-37

3.根据造型，使用勾线笔合理添画背景，如图1-38。

图 1-38

（三）指导要点

使用胶枪时要提前做好使用方法的讲解及安全提示。

玩法四：（难度指数：★★★）

（一）游戏材料

长短、宽窄各异的冰棒棍，美工刀，胶枪，立体飞机模型图片。

（二）游戏步骤

1.幼儿选取材料,先构思飞机造型,进行大轮廓外形的黏合,如图1-39。

图1-39

2.剪裁冰棒棍,进行细节的补充, 如图1-40。

图1-40

（三）指导要点

剪裁冰棒棍时,教师需要在旁进行指导,根据幼儿的操作情况给予必要的帮助。

游戏七：百变降落伞

一、游戏目标

1. 对各式降落伞感兴趣，并尝试用作品表达自己对空降兵的崇敬及热爱之情。

2. 了解布料、麻绳等自然材料的操作方法，学习用涂色、粘贴、剪纸等方法装饰降落伞。

3. 大胆设计不同样式的降落伞，有敢于创新的精神。

二、游戏玩法

玩法一：（难度指数：★★）

（一）游戏材料

彩笔、降落伞图纸。

（二）游戏步骤

1. 幼儿选择自己喜欢的彩笔，然后根据自己的想法设计降落伞外形，如图 1-41。

图 1-41

2. 对降落伞图案进行有层次的涂色，如图1-42。

图1-42

（三）指导要点

引导幼儿观察各种降落伞，鼓励幼儿大胆设计降落伞的形状。

玩法二：（难度指数：★★★）

（一）游戏材料

各色花布、剪刀、胶枪。

（二）游戏步骤

1. 幼儿对照不同图形的降落伞，选择自己喜欢的不同形状花布，如图1-43。

图1-43

2. 利用剪刀裁剪出各种各样的形状，如图1-44。

图 1-44

3. 用剪刀将其剪下来后，用固体胶或胶枪粘在降落伞上，如图1-45。

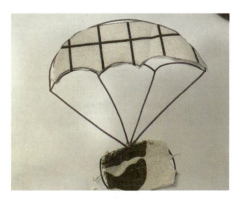

图 1-45

（三）指导要点

裁剪时要提醒幼儿按照降落伞外形裁剪，粘贴时也要注意在画面区域内粘贴。

玩法三：（难度指数：★★★）

（一）游戏材料

各色花布、塑料纸、麻绳、毛线、剪刀、胶枪。

（二）游戏步骤

1.幼儿自由选择各种各样的毛线、麻绳、尼龙绳，如图1-46。

图1-46

2.用编麻花、剪条纹的方式制成一根粗长绳，然后制作降落伞，如图1-47。

图1-47

（三）指导要点

可引导幼儿选取不同的材料或混搭材料进行创作。

游戏八：创意飞机

一、游戏目标

1. 对飞机的造型有浓厚兴趣。

2. 了解飞机的基本结构，能自己完整地表现作品。

3. 能熟练使用涂色、粘贴、折纸、泥工等组合拼搭方法制作并装饰飞机。

二、游戏玩法

玩法一：（难度指数：★★）

（一）游戏材料

彩笔、颜料、飞机图纸、白纸。

（二）游戏步骤

1. 幼儿利用自己的想象力和创造力设计一款超酷飞机，如图1-48。

图 1-48

2.尝试用不同色块、图案、线条装饰飞机，如图1-49。

图1-49

（三）指导要点

在幼儿正确掌握涂色方法后，教师可引导幼儿用多种不同的线条、图案进行装饰，提醒幼儿注意画面的布局。

玩法二：（难度指数：★★）

（一）游戏材料

白纸、纸飞机步骤图、彩笔。

（二）游戏步骤

1.选择裁剪好的长方形白纸，如图1-50。

图1-50

2.对照步骤图进行折叠，如图1-51。

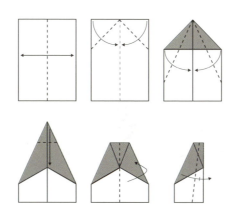

图 1-51

3.叠出成品，根据自己喜好进行装饰，如图1-52。

图 1-52

（三）指导要点

折纸飞机时，提醒幼儿按照步骤图进行折叠，也可鼓励幼儿进行创造性发挥。

玩法三：（难度指数：★★）

（一）游戏材料

彩泥、飞机图片及模型。

（二）游戏步骤

1.观看飞机图片及模型，选择自己喜欢的彩泥并进行四等分。一块搓成胡萝卜状，稍压扁做成机身，如图1-53。

图1-53

2.分别制作机翼、机尾（小三角形），如图1-54。

图1-54

3.拼接、组合成型，如图1-55。

图 1-55

（三）指导要点

1.提醒幼儿根据自己的需要选择材料，避免不必要的浪费。

2.鼓励幼儿捏出具有自己独特想法的飞机，激发幼儿的创造力。

游戏九：百变军舰

一、游戏目标

1.愿意选择自己喜欢的材料进行游戏。

2.初步了解军舰的外部结构。

3.能大胆用刮画、泥工等多种不同手法表现军舰特点。

二、游戏玩法

玩法一：（难度指数：★）

（一）游戏材料

军舰轮廓图、彩色碎纸片、蜡笔。

（二）游戏步骤

1.幼儿选择自己喜欢的军舰模型，如图1-56。

图1-56

2.自由选择材料对军舰进行装饰。用蜡笔涂色，或用彩色碎纸片进行装饰，如图1-57。

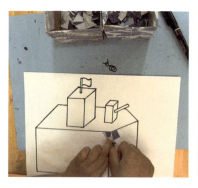

图1-57

（三）指导要点

教师可以为幼儿提供迷彩色块的图片进行经验铺垫。

玩法二：（难度指数：★★）

（一）游戏材料

军舰图片若干、多种色彩的太空泥、牙签。

（二）游戏步骤

1. 幼儿自由选择自己喜欢的太空泥，如图 1-58。

图 1-58

2. 根据画板上展示的军舰图片，尝试用太空泥和牙签制作立体小军舰，如图 1-59。

图 1-59

（三）指导要点

最后拼接时，在使用牙签和胶枪的过程中，注意引导幼儿正确操作，提醒幼儿注意安全。

玩法三：（难度指数：★★★）

（一）游戏材料

刮画纸、画有军舰的刮画纸、刮画棒若干。

（二）游戏步骤

1.幼儿根据自身水平选择空白刮画纸或画好军舰的刮画纸，如图1-60。

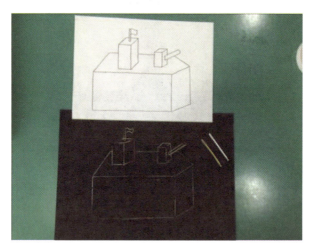

图1-60

2.在军舰轮廓图内进行线描装饰，如图1-61。

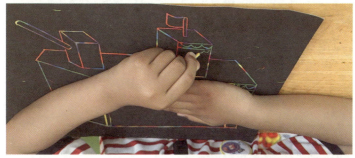

图 1-61

（三）指导要点

1.引导幼儿运用多种线条、图案来丰富画面，用竹签刮画时，力度要适中。

2.线描画创作时，注意画面黑、白、灰面的比例搭配要适宜。

游戏十：纸盒变变变

一、游戏目标

1. 喜欢参与手工制作活动。

2. 知道军事武器有哪些，学习用废旧物品拼搭不同军事武器。

3. 能大胆运用不同废旧纸盒与同伴一起拼搭并完成装饰。

二、游戏玩法

玩法一：（难度指数：★）

（一）游戏材料

自制坦克模型、迷彩轮廓胶片、颜料、排笔。

（二）游戏步骤

1. 幼儿选取材料，如图 1-62。

图 1-62

2.将胶片按在坦克上，用刷子在轮廓胶片内刷上颜色，如图 1-63。

图 1-63

3.坦克装饰完成，如图 1-64。

图 1-64

（三）指导要点

幼儿刷颜料时要注意双手的配合，轮廓纸不能移动。

玩法二：（难度指数：★★）

（一）游戏材料

白纸，不同颜色、大小、形状的纸盒，胶枪，胶棒，彩笔，颜料，太空泥。

（二）游戏步骤

1.幼儿选择废旧纸盒进行拼搭，将其搭成一个武器造型，如图1-65。

图1-65

2.将白纸贴在拼搭好的坦克上面，如图1-66。

图1-66

3. 利用彩笔、水粉颜料装饰坦克外形，或将太空泥制作成不同的武器装备摆放在舰艇上，如图 1-67。

图 1-67

（三）指导要点

1. 幼儿在将白纸贴到纸盒上时，要注意将纸粘贴平整，拼搭造型要牢固。

2. 鼓励幼儿大胆进行多种艺术创作，丰富作品。

体育篇

与体育文化特色融合的"童心迎冬奥"系列美工区活动

游戏一：迎梦

一、游戏目标

1. 通过感受北京 2022 年冬奥会会徽和会徽中图案及色彩之美，为冬奥会在中国举行而感到骄傲。

2. 了解冬奥会的一些比赛项目，知道冬奥会会徽的特点及意义。

3. 欣赏不同形式的美术作品，能大胆尝试用多种形式表达自己对冬奥会的关注和对创作的喜爱。

二、游戏玩法

玩法一：（难度指数：★★★）

（一）游戏材料

北京 2022 年冬奥会会徽图片。

（二）游戏步骤

1. 结合北京 2022 年冬奥会会徽，鼓励幼儿用语言、动作表达自己的感受和理解，激发幼儿的想象力和表达能力。

2. 了解冬奥会会徽的含义，感受中国文化、体育和奥林匹克精神相融合的美。

图 2-1

（三）指导要点

知识链接：北京 2022 年冬奥会会徽运用中国书法的艺术形态，将厚重的东方文化底蕴与国际化的现代风格融为一体，呈现出新时代的中国新形象、新梦想，传递出新时代中国为办好北京冬奥会，圆冬奥之梦，实现"三亿人参与冰雪运动"目标，圆体育强国之梦，推动世界冰雪运动发展，为国际奥林匹克运动做出新贡献的不懈努力和美好追求。

具体要素的选用上，图形上半部分展现滑冰运动员的造型，下半部分表现滑雪运动员的英姿。中间舞动的线条流畅且充满韵律，代表举办地起伏的山峦、赛场、冰雪滑道和节日飘舞的丝带，为会徽增添了节日喜庆的视觉感受，也象征着北京冬奥会将在中国春节期间举行。印鉴"BEIJING 2022"字体的形态上也汲取了中国书法与剪纸的特点，增强了字体的文化内涵和表现力，也体现了与会徽图形的整体感和统一性。

玩法二：（难度指数：★★★）

（一）游戏材料

鸡蛋托、小喷瓶、排笔、剪刀、白乳胶。

（二）游戏步骤

1. 将鸡蛋托剪成小花朵形状，如图 2-2。

图 2-2

2. 为小花朵涂上自己喜欢的颜色，然后将涂好色的小花朵制作成自己喜欢的冠军花环，如图 2-3。

图 2-3

（三）指导要点

制作花环过程中，幼儿自由设计花的造型。在剪鸡蛋托的过程中要提醒幼儿注意安全。

玩法三：（难度指数：★）

（一）游戏材料

弹珠、有运动造型的黑色剪影纸、方盒子、颜料。

（二）游戏步骤

1.将有体操剪影的操作纸放入纸盒内铺好。

2.在弹珠表面涂满颜料（除黑色外的其他奥运五环色）。

3.把弹珠放入盒子里自由滚动，滚动出彩色的线条装饰背景，如图2-4。

图 2-4

（三）指导要点

活动前，要让幼儿知道奥运五环的颜色。可鼓励幼儿尝试自己撕贴剪影。

玩法四：（难度指数：★★）

（一）游戏材料

有体操造型的白色剪影纸、废旧广告纸、小筐子、固体胶、擦手布。

（二）游戏步骤

1.将废旧广告纸撕成碎片，装在小筐子里备用。

2.在印有体操造型的纸上涂抹上固体胶。

3.将碎纸片粘贴在体操造型上，装饰成自己喜欢的运动造型，如图2-5。

图2-5

（三）指导要点

提醒幼儿将碎纸片粘贴在白色剪影位置。

与体育文化特色融合的"球类器械也文艺"系列美工区活动

游戏二：戏玩球拍

一、游戏目标

1. 喜欢绘画游戏，感受体育器械与绘画结合的艺术之美。

2. 认识不同球拍的造型，知道球拍的绘画玩法。

3. 尝试用喷画、对称画和水墨画等形式对不同球拍进行大胆创作。

二、游戏玩法

玩法一：（难度指数：★★）

（一）游戏材料

不同类型球拍（乒乓球拍、羽毛球拍等）、喷壶颜料、画纸。

（二）游戏步骤

1.喷壶里装入调好的颜料水。

2.将球拍放置在画纸上，由上至下沿球拍边沿或空隙喷画，如图2-6。

3.完成喷画后，可在喷画上进行添画或者其他形式的创作。

图2-6

（三）指导要点

在喷画时能由上到下均匀喷洒画面，鼓励幼儿大胆使用不同的色彩进行搭配。

玩法二：（难度指数：★★★）

（一）游戏材料

剪好的乒乓球形画纸、水彩笔、油画棒。

（二）游戏步骤

1.将白色卡纸粘贴在乒乓球拍上。

2.根据脸谱的对称特点在卡纸上作画，如图2-7。

3.也可以把白色卡纸裁剪成脸谱形状，自由作画。

图 2-7

（三）指导要点

进行脸谱创作前，请幼儿欣赏京剧脸谱的对称特点以及色彩的使用。

玩法三：（难度指数：★★★）

（一）游戏材料

毛笔、墨汁、剪好不同球拍造型的宣纸。

（二）游戏步骤

1.欣赏水墨大师的绘画作品。

2.教授幼儿毛笔提笔和顿笔的方法及操作要领。

3.幼儿尝试自由选择材料作画，如图 2-8。

图 2-8

（三）指导要点

引导幼儿感知宣纸的特性，提醒幼儿拿毛笔的姿势以及使用毛笔的方法，提示幼儿绘画时不在同一个地方重复画，避免把画纸弄破。

游戏三：玩转乒乓

一、游戏目标

1.体验乒乓球的多种创意玩法，感受用乒乓球进行美术创作的乐趣。

2.初步感知色彩流动、碰撞的美。

3.能大胆尝试用多种形式来进行乒乓球创作。

二、游戏玩法

玩法一：（难度指数：★）

（一）游戏材料

红黄蓝颜料、颜料盘、排笔、乒乓球、纸盒、白纸。

（二）游戏步骤

1.将乒乓球放在自己喜欢的颜色盘中，用排笔或者其他工具拨动乒乓球上色。

2.将乒乓球放进垫有白色卡纸的纸盒中进行滚画，如图2-9。

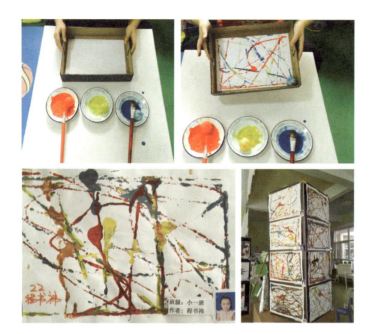

图2-9

（三）指导要点

出示乒乓球和纸盒时可借助儿歌激发幼儿游戏的乐趣：乒乓球，真调皮，不安静，滚来滚去。滚呀……滚呀，滚呀滚呀滚呀滚。

玩法二：（难度指数：★★★）

（一）游戏材料

乒乓球、有夜空背景的画板、白色颜料、颜料盘。

（二）游戏步骤

1.出示夜空背景画板，引导幼儿观察，如图2-10。

图 2-10

2. 在乒乓球表面涂上白色的颜料。

3. 将涂好色的乒乓球放在画板上，师生合作不让乒乓球掉落，使其在画板上来回滚动出线条，如图 2-11。

图 2-11

（三）指导要点

1. 夜空背景画板可和幼儿一起创作。

2. 根据幼儿的动手能力，提醒或者帮助幼儿运用筷子夹乒乓球，既有难度又有乐趣。

3. 在游戏中，请幼儿大胆尝试合作完成创作。

4. 鼓励幼儿尝试使用多种颜色，让作品的呈现更加丰富。

玩法三：（难度指数：★★★）

（一）游戏材料

颜料盘、黑色勾线笔、水彩笔、双面胶、剪好小段的毛根、超轻黏土。

（二）游戏步骤

1. 选取好材料：一个乒乓球、八根毛根、勾线笔。

2. 将毛根粘贴在乒乓球上，完成一对触角、三对足的创作。

3. 用黑色的勾线笔画出蜜蜂身上的花纹，如图 2-12。

图 2-12

4. 在乒乓球上用勾线笔和毛根自主创作喜欢的造型，如图 2-13。

图 2-13

（三）指导要点

1.幼儿前期经验：了解蜜蜂有一对触角、三对足。

2.在制作过程中提醒幼儿：要等胶水干了，造型才能立住。

玩法四：（难度指数：★★★）

（一）游戏材料

乒乓球、超轻黏土、自选辅助材料。

（二）游戏步骤

用超轻黏土在乒乓球上制作自己喜欢的图案或者造型，如图 2-14。

图 2-14

（三）指导要点

用多种方式激发幼儿创作的欲望，鼓励幼儿大胆创作。

游戏四：百变 "羽" 艺

一、游戏目标

1.体验彩绳＋羽毛球、超轻黏土＋羽毛球相结合创作的乐趣。

2.学习编织的有趣玩法，知道编织是中国民间传统手工艺。

3.能大胆尝试利用羽毛球进行多种形式的创作。

二、游戏玩法

玩法一：（难度指数：★★★）

（一）游戏材料

彩绳、球托。

（二）游戏步骤

1.选择一个羽毛球和彩绳，围绕球裙、球托、球翼尝试进行穿线、绕线和打结。

2.利用羽毛球中间的网格进行中国结的编织，如图 2-15。

图 2-15

（三）指导要点

指导幼儿使用不同颜色的线在羽毛球球裙上进行穿线、绕线和打结，提醒幼儿在编织的过程中注意球裙的缝隙和线的紧密缠绕。

玩法二：（难度指数：★★）

（一）游戏材料

超轻黏土、羽毛球、黑色 kt 板。

（二）游戏步骤

1.幼儿选取自己喜欢的超轻黏土颜色，将制作的运动造型粘在 kt 板上，如图 2–16。

图 2–16

2.把羽毛球材料融入作品中并大胆创作，如图 2–17。

图 2-17

（三）指导要点

1.引导幼儿初步尝试用超轻黏土与羽毛球结合创作，结合幼儿已有的创作经验，鼓励幼儿自主塑造出不一样的立体、半立体造型。

2.提供多元化的有趣材料，引导幼儿大胆创作。

与体育文化特色融合的"中华传统有新趣"系列美工区活动

游戏五：纸鸢

一、游戏目标

1. 通过欣赏纸鸢，感受纸鸢的线条、色彩、造型之美。

2. 知道放纸鸢是我国民间的传统游戏，了解纸鸢的来历及特点。

3. 能与同伴一起合作制作纸鸢，并大胆用自己喜欢的方式表达对作品的感受。

二、游戏玩法

玩法一：（难度指数：★）

（一）游戏材料

实物纸鸢、放纸鸢的视频、黑色勾线笔、纸鸢轮廓图、宣纸、棉签、剪刀、

颜料。

（二）游戏步骤

1. 教师出示实物纸鸢以及视频，引导幼儿观察纸鸢，如图 2-18。

图 2-18

2. 鼓励幼儿大胆表达自己的感受。

3. 选择自己喜欢的颜料并加水搅拌均匀。

4. 用棉签或者手指沾颜料在宣纸上点画，如图 2-19。

图 2-19

5.剪出纸鸢的造型。

（三）指导要点

知识链接：谜面为"天上一只鸟，用线拴得牢，不怕大风吹，就怕细雨飘"。谜底为"纸鸢"。

玩法二：（难度指数：★）

（一）游戏材料

纸鸢黑白画、黑色勾线笔、纸鸢轮廓图。

（二）游戏步骤

1.欣赏黑白画——纸鸢，发现纸鸢点、线、面的组合之美，如图2-20。

图2-20

2.出示纸鸢轮廓图的半成品以及黑色勾线笔，如图2-21。

图 2-21

3.鼓励幼儿运用各种线条、图案装饰纸鸢，如图 2-22。

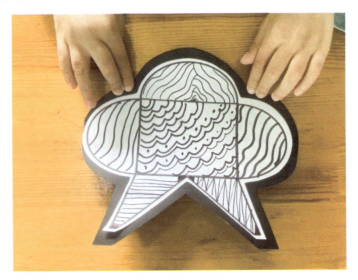

图 2-22

（三）指导要点

1.活动前，幼儿应玩过涂鸦的游戏，有放纸鸢（或者风筝）的经历，会画多种线条（如曲线、波浪线等）。

2.活动中，多引导幼儿感知纸鸢的特点，一起讨论怎样用线条、颜料装饰纸鸢，选用不同的材料展示不同的效果。

游戏六：毽子

一、游戏目标

1.体验制作毽子的乐趣，感受自主创作的快乐。

2.了解我国民间游戏——踢毽子，知道毽子的基本制作步骤。

3.能够运用多元材料制作毽子并大胆向同伴展示。

二、游戏玩法

玩法一：（难度指数：★★★）

（一）游戏材料

蛋糕盘、各种羽毛、吸管、绒球（自选材料）、彩笔、剪刀、双面胶、胶水、超轻黏土。

（二）游戏步骤

1.选用自己喜欢的羽毛制作出毽子的造型，如图2-23。

图 2-23

2. 用粘贴的方法将毽子固定在帽子上并装饰帽子，如图 2-24。

图 2-24

3.制作完成后师生一起听音乐自由表演，展示自己的作品，如图2-25。

图2-25

（三）指导要点

毽子的造型完成后，鼓励幼儿选用自己喜欢的辅助材料进行装饰，充分调动幼儿创作的积极性。

玩法二：（难度指数：★★）

（一）游戏材料

剪刀、树叶、超轻黏土。

（二）游戏步骤

1.幼儿在户外收集自己喜欢的树叶，用来制作毽羽，如图 2-26。

图 2-26

2.用超轻黏土制作出毽子的毽托。

3.根据自己的想法来组装完成树叶毽子，如图 2-27。

图 2-27

（三）指导要点

1.引导幼儿在收集树叶时先观察：什么样的树叶更适合制作毽羽。

2.教师可提问：怎样才能让树叶插进超轻黏土时不"弯腰"？如何将树叶作品保持更久？满足幼儿的好奇心。

3.引导幼儿欣赏各种各样的毽子，鼓励幼儿尝试用恰当的语言描述同伴和自己的作品，以及表达自己创作时的感受。

4.待超轻黏土干了之后可进行踢毽子比赛。

游戏七：蹴鞠

一、游戏目标

1.体验玩蹴鞠的乐趣，喜欢参加制作鞠的美术活动。

2.知道蹴鞠是古代人们的一种游戏活动，初步了解鞠的制作方法。

3.能大胆用撕、贴、绕、编织等多种形式创作多元化作品。

二、游戏玩法

玩法一：（难度指数：★）

（一）游戏材料

蹴鞠图、彩色皱纹纸、打好气的气球、白乳胶、排笔、擦手用的湿毛巾。

（二）游戏步骤

1.欣赏蹴鞠图，出示成品，引导幼儿观察鞠上的彩色纸片是怎样贴上去的，如图2-28。

图 2-28

2. 引导幼儿尝试将长条的皱纹纸撕成小块状。

3. 引导幼儿用排笔将白乳胶刷在皱纹纸上，然后粘贴至气球上，装饰气球，如图 2-29。

图 2-29

（三）指导要点

1. 引导幼儿观看蹴鞠的视频，认识蹴鞠，了解蹴鞠的来历。

2. 用儿歌、情境创设等方法帮助幼儿制作鞠。

玩法二：（难度指数：★）

（一）游戏材料

蹴鞠图、彩色纸绳、打好气的气球、白乳胶、排笔、擦手用的湿毛巾。

（二）游戏步骤

1.出示镂空的鞠，引导幼儿观察纸绳绕成的形状和镂空。

2.用蘸好白乳胶的彩色纸绳在气球上绕，一只手扶好气球，一只手绕纸绳，如图2-30。

图2-30

3.等白乳胶干了以后，轻轻地将气球从彩色纸绳上取下来，将镂空的球晾干，如图2-31。

图2-31

（三）指导要点

1. 在活动前，可以让幼儿自己制作彩色纸绳；在活动中，鼓励幼儿相互合作绕纸绳。

2. 情境创设：给球球穿上漂亮的小裙子。教师利用儿歌引导幼儿学习怎样用纸绳绕球：小小一根线，贴到气球上，一只手扶好，一只手绕线，转呀转呀转，裙子穿好啦！

游戏八：赛马

一、游戏目标

1. 体验《八骏图》中马的形态美，感受国画的魅力。

2. 知道《八骏图》是由八匹马组成的，认识并模仿八匹马的奔跑状态。

3. 会用剪、贴、涂色等美工技巧，在画纸上表现出来。

二、游戏玩法

玩法一：（难度指数：★★★）

（一）游戏材料

《八骏图》、赛马的音乐、绘画纸、水彩笔、黑色勾线笔。

（二）游戏步骤

1. 播放音乐《赛马》，欣赏《八骏图》。

2. 请幼儿画出自己感受到的马的样子。

（三）指导要点

教师在活动中多鼓励幼儿进行创作，积极引导幼儿大胆尝试。

玩法二：（难度指数：★★）

（一）游戏材料

画有赛马轮廓图的背景纸、彩色纸条、剪刀、固体胶、纸杯。

（二）游戏步骤

1.幼儿选取相关材料，如图2-32。

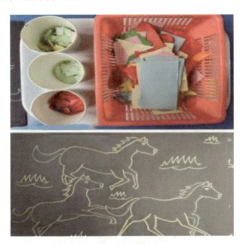

图2-32

2.选取2～3种对比色的彩色纸条，按照轮廓图进行粘贴，如图2-33。

图2-33

（三）指导要点

1.引导幼儿使用对比色装饰主体图案和背景。

2.游戏中指导幼儿按照图形的需要剪纸。

玩法三：（难度指数：★★）

（一）游戏材料

赛马跑道、赛马轮廓图，黑色勾线笔。

（二）游戏步骤

1.出示赛马跑道，创设情境：马儿要进行赛跑了，快来给它设计好看的参赛服吧。

2.幼儿用勾线笔给马儿画上漂亮的衣服，如图2-34。

图2-34

（三）指导要点

教师引导幼儿用勾线笔画出不同的线条来丰富画面。

与体育文化特色融合的"身临其境绘运动"系列美工区活动

游戏九：炫彩有我

一、游戏目标

1.喜欢美工游戏，享受体验活动带来的乐趣。

2.学习用拓印、粘贴等形式，在运动人物造型上创作。

3.能大胆地创作和表现，发展幼儿的想象力和创造力。

二、游戏玩法

玩法一：（难度指数：★）

（一）游戏材料

各种运动造型剪影、画纸、颜料、调色盘。

（二）游戏步骤

1. 选择自己喜欢的运动造型剪影。

2. 在颜料盘里沾上颜料，然后在运动人物造型上拓印，如图 2-35。

图 2-35

（三）指导要点

用不同的颜色进行大胆地创作，教师多和幼儿互动，激发幼儿的想象力，让其大胆地创作。

玩法二：（难度指数：★★）

（一）游戏材料

各种运动造型剪影、画纸、彩沙、白乳胶、排刷、碎纸屑。

（二）游戏步骤

1. 在画纸上粘贴运动造型。

2. 在黑色背景上刷上白乳胶，分块撒上不同颜色的彩沙或者碎纸屑，如图 2-36。

图 2-36

3. 将运动剪影轻轻撕下，抖掉多余的彩沙或纸屑，如图 2-37。

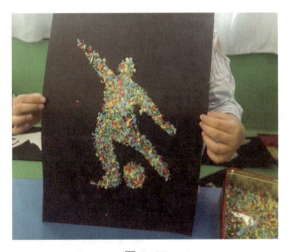

图 2-37

（三）指导要点

1. 在创作时，提醒幼儿均匀地装饰画面中的运动造型。

2. 刷胶时将白乳胶刷均匀，这样有利于粘贴彩沙和碎纸。

3. 幼儿自主地分块进行撒沙（碎纸），感受不同的色块之美，也可以探索寻找其他的材料进行创作。

游戏十：游戏场景我做主

一、游戏目标

1.喜欢参加艺术游戏活动，体验创作的乐趣。

2.初步了解多项团体体育运动，感受运动比赛中的团结合作精神。

3.尝试用不同玩法制作运动场景和运动员的造型。

二、游戏玩法

玩法一：（难度指数：★★★）

（一）游戏材料

画纸、彩泥、颜料。

（二）游戏步骤

1.大胆想象并用多元材料制作足球运动场。

2.用彩泥制作可以站立的不同运动造型，为运动员设计五官和装备。

3.用颜料给运动员的装备涂上颜色，如图2-38。

图 2-38

（三）指导要点

幼儿在拼贴运动员、运动场时，可以运用多种技能，如搓、团、压、拉等。提醒幼儿学会与同伴之间分工合作。

玩法二：（难度指数：★★★）

（一）游戏材料

纸盒、超轻黏土、彩色玉米粒、卡纸、白乳胶。

（二）游戏步骤

1.幼儿分小组用纸盒、卡纸、白乳胶制作运动场景。

2.用玉米粒制作不同的运动员造型，并加入游戏场景中，如图2-39。

图 2-39

（三）指导要点

幼儿自主在作品上给运动员增加运动装备，体现出一个团队在赛场上的运动场景。

玩法三：（难度指数：★★★）

（一）游戏材料

卡纸、彩色纸片、油画棒。

（二）游戏步骤

1.将彩纸撕出运动员的动作造型。

2.用勾线笔画出人物表情。

3.用固体胶将彩纸粘贴在白板上，如图2-40。

图2-40

（三）指导要点

在操作过程中，教师引导幼儿观察运动员在赛场上的激情绽放，鼓励幼儿在玩撕纸游戏时多观察运动场的场景布局以及运动员的动作。

游戏十一：运动小达人

一、游戏目标

1.喜欢参加艺术游戏活动，体验以运动的形式进行创作的乐趣。

2.知道不同的运动器械能拓印出不同风格的作品。

3.能在运动中进行艺术创作。

二、游戏玩法

玩法一：（难度指数：★★）

（一）游戏材料

篮球、颜料、大颜料盘、画布。

（二）游戏步骤

1. 在篮球表面蘸上自己喜欢的颜料，如图 2-41。

图 2-41

2. 用自己喜欢的运动方式作画，如运球、胯下绕球等，见图 2-42。

图 2-42

（三）指导要点

在游戏时，鼓励幼儿与同伴合作，引导幼儿运用多种运动技能，如运球、胯下绕球、抛接球等。如果是滚画，建议颜料调稀一些。可以继续进行添画活动，小手也可以印画，让创作过程更加有趣。

玩法二：（难度指数：★★）

（一）游戏材料

高跷、大颜料盘、画布或者画纸。

（二）游戏步骤

1.选择自己喜欢的颜色，如图2-43。

图 2-43

2.踩上高跷蘸颜料，在画纸上自由创作，如图2-44。

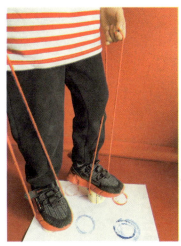

图 2-44

（三）指导要点

1. 幼儿在前期有踩高跷的经验。

2. 在游戏中鼓励幼儿挑战有主题的创作，如毛毛虫、花等，后期也可以进行添画活动，以丰富作品。

3. 引导幼儿尝试其他运动技能的创作，如丢沙包、冰壶、跳绳等。

音乐篇

与音乐文化特色融合的"快慢轻重总关情"系列美工区活动

游戏一：开始和停止

一、游戏目标

1. 感受音乐反复开始和突然停止的特点。

2. 能用不同的形式（涂鸦、剪纸）表现开始和停止的音乐特点。

3. 在情境中体验突然动、突然停的乐趣。

二、游戏玩法

玩法一：（难度指数：★）

（一）游戏材料

音乐《开始和停止》伴奏、大纸、环保颜料、颜料盘。

（二）游戏步骤

1.幼儿用手指蘸取自己喜欢的颜色

2.教师播放音乐。

3.听到音乐行进时，幼儿用手指在纸上画出任意路线，音乐暂停则动作暂停，音乐继续则幼儿继续动作，如图3-1。

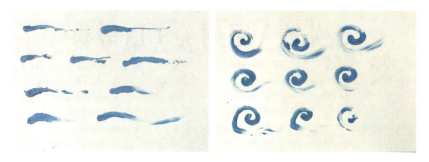

图3-1

（三）指导要点

1.给幼儿提供浓稠和稀薄的两种颜料，让幼儿用手指感受触感上的区别。在纸上作画时，感受呈现在纸上的区别，观察颜料通过手指"走过"的路线，思考什么时候颜色重，什么时候颜色淡。

2.幼儿呈现在纸上的开始与停止的路线，可以是直线，可以是波浪线，可以是螺旋线，或者其他。教师要肯定幼儿自己的想法。

玩法二：（难度指数：★）

（一）游戏材料

音乐《开始和停止》伴奏、大纸、颜料、大颜料盘、玩具小车。

（二）游戏步骤

1.幼儿用小车车轮蘸取喜欢的颜色。

2.教师播放音乐。

3.听到音乐行进时，小汽车在纸上行驶，颜料通过车轮印在纸上，音乐暂停则动作暂停，音乐继续则幼儿继续动作，如图 3-2。

图 3-2

（三）指导要点

在用小汽车做游戏后，可以启发幼儿思考和尝试：除了小汽车，还有哪些材料可以用来玩这个游戏？鼓励幼儿想一想，在教室里或者家里找一找、试一试。

玩法三：（难度指数：★）

（一）游戏材料

音乐《开始和停止》伴奏、剪刀、龟兔赛跑路线图。

（二）游戏步骤

1.两名幼儿分别选择龟兔赛跑的路线。

2.教师播放音乐。

3.听到音乐开始时，"乌龟"和"兔子"沿直线向终点"跑"（剪纸）；当音乐暂停时，"乌龟"和"兔子"暂停。循环开始和停止，直到到达终点，先到的幼儿为胜，如图 3-3。

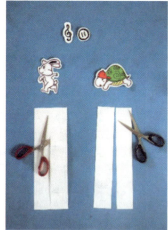

图 3-3

（三）指导要点

1.游戏前让幼儿用肢体随乐舞动，感受乐曲走走停停的特点。

2.幼儿赛跑（剪纸）比赛时，注意幼儿拿剪刀的姿势。

玩法四：（难度指数：★★）

（一）游戏材料

音乐《开始和停止》伴奏、剪刀、龟兔赛跑空白赛道、马克笔。

（二）游戏步骤

1.幼儿自己设计乌龟和兔子赛跑的路线，如螺旋线、锯齿线、波浪线等。

2.教师播放音乐。

3.听到音乐开始时，"乌龟"和"兔子"就开始按照幼儿设计的路线"跑"（剪纸）；当音乐暂停时，"乌龟"和"兔子"暂停。循环开始和停止，直到到达终点，先到的幼儿为胜，如图 3-4。

图 3-4

（三）指导要点

1. 在比赛的过程中提醒幼儿尽量沿设计的路线剪。

2. 一轮游戏结束后，可引导幼儿尝试对方的路线。还可结合玩法三，引导幼儿发现剪哪种路线用的时间最短（两点之间直线最短）。

游戏二：节奏乐快与慢

一、游戏目标

1. 感受音乐节奏的快与慢，体验根据音乐进行印画的乐趣。

2. 尝试用纸筒和瓶盖蘸上颜料进行印画。

3. 能根据节奏的快与慢把握印画圈圈的排列密度，并进行添画。

二、游戏玩法

玩法一：（难度指数：★）

（一）游戏材料

音乐《节奏乐快与慢》伴奏、纸筒和瓶盖若干、画有小鱼和海草的背景纸、颜料。

（二）游戏步骤

1.将背景纸摆放在桌面上，将颜料涂抹到纸筒上做准备，播放音乐，如图 3-5。

图 3-5

2.听到慢节奏音乐时随音乐节奏慢慢地印画，听到快节奏音乐时随音乐节奏快速地印画，如图 3-6。

图 3-6

3.音乐结束，印画结束。幼儿互相欣赏自己的作品，如图3-7。

图3-7

（三）指导要点

1.在随音乐进行印画时，注意圆圈密度的变化是否和节奏变化一致。

2.在纸筒颜料快要用完时，应停止音乐给纸筒上色。

玩法二：（难度指数：★★）

（一）游戏材料

音乐《节奏乐快与慢》伴奏、纸筒和瓶盖若干、白纸、颜料、油画棒。

（二）游戏步骤

1.摆好白纸，将颜料涂抹到纸筒上做准备，播放音乐，如图3-8。

图3-8

2.听到慢节奏音乐时随音乐节奏慢慢地印画，听到快节奏音乐时随音乐节奏快速地印画，如图3-9。

图 3-9

3.音乐结束，印画结束。幼儿在印的圆圈基础上进行添画，并互相欣赏自己的作品，如图3-10。

图 3-10

（三）指导要点

1.在随音乐进行印画时，注意圆圈密度的变化是否与节奏变化一致。

2.在纸筒颜料快要用完时，应停止音乐给纸筒上色。

3.根据自己的经验进行物体添画。

游戏三：奥尔夫第四阶段

一、游戏目标

1. 乐于尝试不同的作画材料，体验皮筋弹画的乐趣。

2. 掌握手指弹拉皮筋的力度，能与同伴合作游戏。

3. 能按 × ×|× × ×|的节奏进行弹画，控制弹的速度。

二、游戏玩法

玩法一：（难度指数：★ ）

（一）游戏材料

音乐《奥尔夫第四阶段》伴奏，穿好若干皮筋的盒子、衣服卡片、颜料、颜料刷、皮筋、罩衣。

（二）游戏步骤

1. 幼儿选择漂亮的衣服卡片放到皮筋下面，将颜料涂抹到橡皮筋上做准备，如图 3-11。

图 3-11

2.播放音乐，听到 × ×|×× ×|时开始弹，根据音乐有节奏地依次弹四下，如图 3-12。

图 3-12

3.再次刷上颜料，依此类推，至音乐结束。作品完成后，展示自己的作品，如图 3-13。

图 3-13

（三）指导要点

1.颜料要均匀地涂抹在皮筋上，衣服卡片要放在皮筋的下面。

2.掌握手指弹皮筋的力度，一定要两手提拉皮筋，在音乐 × ×|×× ×|的节奏下弹。

3.弹画时，幼儿记得要穿上罩衣，以免溅到衣服上。

玩法二：（难度指数：★★）

（一）游戏材料

彩纸、颜料、颜料刷、皮筋、操作盘、罩衣。

（二）游戏步骤

1.首先将若干个皮筋放在盒子上，如图3-14。然后将一张彩纸放在皮筋下面。

图 3-14

2.在皮筋上均匀地刷上自己喜欢的颜色，如图3-15。

图 3-15

3.听音乐，当听到 × ×|×× ×|时，有节奏地弹四下，如图3-16。

图 3-16

（三）指导要点

1.要均匀地将颜料涂抹到皮筋上。

2.听到 × ×|× × ×|时，有节奏地弹四下。

3.弹出漂亮的格子后可以画自己喜欢的图案。

玩法三：（难度指数：★★★）

（一）游戏材料

卡纸、彩纸、颜料、颜料刷、皮筋、罩衣。

（二）游戏玩法

1.两名幼儿一起合作，一个拉皮筋，一个涂颜料、弹画，如图 3-17。

图 3-17

2.两名幼儿听音乐节奏，当听到 × ×|× × ×|时，一名幼儿依次移动，一名幼儿有节奏地弹四下，依此类推，如图3-18。

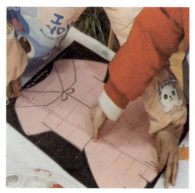

图 3-18

（三）指导要点

1.指导幼儿均匀地将颜料涂抹到皮筋上，以免弹出太大的色块。

2.音乐开始前，幼儿先熟悉音乐，掌握 × ×|× × ×|的节奏，教师提前教授幼儿合作弹画的方法。

3.听到 × ×|× × ×|时，两名幼儿要相互配合。

4.播放第一段音乐时，拉皮筋的幼儿横着拉好；播放第二段音乐时可竖着拉，这样弹出来就是漂亮的格子画。

游戏四：库企企

一、游戏目标

1.喜欢欢快、活泼的音乐。

2.感受乐曲 × ×|× × ×|的节奏，以及 ABC 三段式的曲式结构。

3.愿意用点画、添画、合作等方式进行创作。

二、游戏玩法

玩法一：（难度指数：★）

（一）游戏材料

音乐《库企企》伴奏、纸、颜料、颜料盘。

（二）游戏步骤

1.幼儿用手指蘸取自己喜欢的颜色。

2.教师播放音乐。

3.听到音乐中唱到"库企企"时，一边跟唱，一边在纸上随意印出小点点，如图3-19。

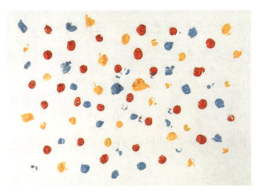

图3-19

（三）指导要点

1.音乐的完整语词是"库、库、库企企"，其中前面的"库、库"作为一个提示信号："马上要在纸上做点的动作啦！"教师在指导时，要注意提示幼儿。

2.游戏开始时，可引导幼儿只听语词"库企企"点画。待幼儿熟悉后，

教师可以用情绪感染幼儿，一边唱一边点画。

3. 在此游戏中，激发幼儿听音乐、玩颜料的兴趣是游戏的核心目标。因此，教师不要过分强调规则，从而消减了幼儿游戏的积极性，而是要根据幼儿状态灵活应变。

玩法二：（难度指数：★）

（一）游戏材料

音乐《库企企》伴奏、纸、颜料、颜料盘。

（二）游戏步骤

1. 幼儿用手指蘸取自己喜欢的颜色。

2. 教师或者幼儿播放音乐。

3. 在听到语词"库、库"时，在纸上点印出两个排队的点，表示 ×× 的节奏，如：● ●。

4. 在听到"库企企"时，在纸上点印出三个排队的点，表示 × × × 的节奏，如：●●●。

5. 根据排队的点点进行联想并添画。

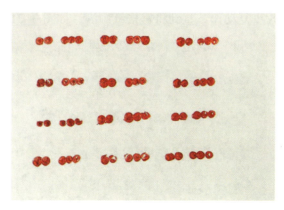

图 3-20

（三）指导要点

1. 游戏前唤醒幼儿排队的生活经验。

2. 幼儿可以在纸上随意点印布局，只要表现出 × ×|× × × 的节奏是像排队一样的形态即可，横着或者竖着排列视幼儿的喜好和习惯。教师要引导幼儿注意点与点间什么时候挨着，什么时候不挨着。

玩法三：（难度指数：★★★）

（一）游戏材料

音乐《库企企》伴奏、颜料、颜料盘、背景纸（4×6宫格）、勾线笔。

（二）游戏步骤

1. 两名幼儿面对面合作游戏。

2. 幼儿自主播放音乐。

3. 一名幼儿在听到 AB 段音乐时，在绿色宫格背景纸上画出稻子叶与茎的形态。

4. 另外一名幼儿在听到 C 段"库、库、库企企"时在茎上点印出橙黄色的点点，表现成熟的麦穗。

5. 两名幼儿重复动作，直到将宫格纸画满，如图 3-21。

图 3-21

（三）指导要点

1.游戏前引导幼儿认识稻子的基本形态。

2.游戏后师幼共同欣赏作品，感受乐曲的曲式特点。鼓励幼儿大胆表达，并思考还有没有其他的方式来表达这种曲式特点。

游戏五：惊愕交响曲

一、游戏目标

1.感受轻快活泼、诙谐富有活力的音乐。

2.能积极尝试用不同形状的材料进行组合创作拓印画。

3.初步了解拓印的基本方法，并有尝试的愿望。

二、游戏玩法

玩法一：（难度指数：★）

（一）游戏材料

音乐《惊愕交响曲》、颜料、叉子、海绵印章、塑料印章、白纸。

（二）游戏步骤

1.幼儿听到 A 段音乐时，有节奏地用塑料印章在纸上进行拓印，如图 3-22。

图 3-22

2.听到重音时用海绵印章在纸上拓印，如图 3-23。

图 3-23

3.听到 B 段音乐时，用叉子在纸上轻轻刮动，如图 3-24。

图 3-24

（三）指导要点

1.听音乐感受音乐为 AB 段式。

2.听到 A 段音乐时，幼儿可以唱"小花，小花，开花了"作为提示。

玩法二：（难度指数：★★）

（一）游戏材料

音乐《惊愕交响曲》伴奏、吸管、颜料、牙刷、棉签、毛球。

（二）游戏步骤

1.幼儿听到 A 段音乐时，有节奏地用吸管在纸上进行拓印，如图 3-25。

图 3-25

2.听到重音时用毛球在纸上按压，如图 3-26。

图 3-26

3. 听到 B 段音乐时用牙刷有节奏地在纸上轻轻刷，如图 3-27。

图 3-27

4. 根据完成的图案，用棉签进行添画，如图 3-28。

图 3-28

（三）指导要点

1. 游戏前可引导幼儿了解蒲公英、小花的基本结构。

2. 鼓励幼儿大胆表达与创新，思考还有什么不一样的玩法来表达音乐的特点。

游戏六：拍蚊子

一、游戏目标

1.感受音乐的活泼与动感，在"拍蚊子"的过程中体验快乐。

2.掌握音乐中 C 段的长音和重音，能手眼协调地跟着音乐在长音（打开双手）时创作，重音（"拍蚊子"）时停止。

3.能通过拍、画、毛线拖墨等方式进行创作。

二、游戏玩法

玩法一：（难度指数：★）

（一）游戏材料

大白纸、小蚊子贴纸、颜料盘。

（二）游戏步骤

1.将小蚊子贴纸散落贴在大白纸上，如图 3-29。

图 3-29

2.用手掌蘸取颜料，如图 3-30。

图 3-30

3.听到重音时拍手印，听到长音时把手抬起，如图 3-31。

图 3-31

4.听音乐，依次创作，直至音乐结束，如图 3-32。

图 3-32

（三）指导要点

1.在正式开始游戏前，引导幼儿听《拍蚊子》音乐，找到音乐的长音和重音，小手按节奏做拍蚊子动作，如图 3-33。

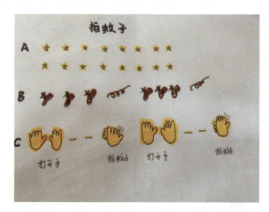

图 3-33

2.AB 段音乐时可以做沾颜料的动作，C 段开始听音乐创作。

3.待幼儿熟练后，可以请多名幼儿在大白纸上合作游戏。

玩法二：（难度指数：★★★）

（一）游戏材料

画有点点的 A4 打印纸、彩笔。

（二）游戏步骤

1.熟悉音乐，找到 C 段音乐的长音和重音部分。

2.A 段音乐拿彩笔，B 段准备，C 段长音部分将点与点之间连接，重音部分停止，如图 3-34。

图 3-34

3. 听音乐，依此类推，如图 3-35。

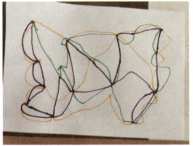

图 3-35

（三）指导要点

1. 引导幼儿听音乐的长度进行点与点的连接。

2. 听到 A 段音乐时可以换彩色笔。

玩法三：（难度指数：★★★）

（一）游戏材料

白板纸、环保颜料（红、黄、绿）、颜料笔、水墨（浓墨、淡墨）、毛线绳。

（二）游戏步骤

1. 两名幼儿共同作画，一名幼儿听到 A 段音乐时用毛线绳沾墨，听到 B 段时做好准备，听到 C 段开始创作。另一名幼儿听到 A 段音乐时用食指沾颜料，听到 B 段时准备，听到 C 段开始创作，如图 3-36。

图 3-36

2. 一名幼儿听到长音时放毛线开始拖墨，如图 3-37。另一名幼儿听到重音时点画彩色点点，如图 3-38。

图 3-37

图 3-38

3. 听音乐，依此类推，如图 3-39。

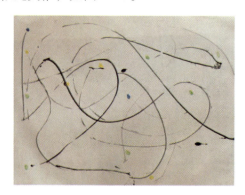

图 3-39

（三）指导要点

1. 活动前和幼儿一起听音乐，感受音乐的段落及长音和重音。

2. 提醒幼儿注意画面干净整洁，注意毛线不要"流鼻涕"，刮一刮再离开小盒子。

3. 幼儿可以听长音画长短不一的线条，听重音画大小不一的点点。

与音乐文化特色融合的"听音知段分步行"系列美工区活动

游戏七：墨西哥草帽舞

一、游戏目标

1. 感受音乐的顿挫有力和活泼欢快。

2. 尝试用绘画、点画、装饰等方式进行创作。

3. 能根据音乐的节奏特点进行游戏。

二、游戏玩法

玩法一：（难度系数：★）

（一）游戏材料

音乐《墨西哥草帽舞》、纸、勾线笔、颜料、颜料盘。

（二）游戏步骤

1.幼儿用手蘸取自己喜欢的颜料。

2.教师播放音乐。

3.幼儿听到 B 段音乐（活泼欢快）时，进行手指点画，如图 3-40。

图 3-40

（三）指导要点

1.当幼儿听到 A 段音乐时，可以选取自己喜欢的颜料颜色，为 B 段的手指点画做好准备。

2.音乐的 A、B 段旋律比较容易区分，幼儿能够知道 B 段旋律变化时进行点画即可，不要过分强调按照 B 段的节奏进行点画。

玩法二：（难度系数：★★）

（一）游戏材料

音乐《墨西哥草帽舞》、纸、勾线笔。

（二）游戏步骤

1.教师播放音乐。

2.幼儿听到 B 段音乐（活泼欢快）时，用锯齿线装饰帽子，如图 3-41。

图 3-41

（三）指导要点

1.当幼儿听到 A 段音乐时，可以跟随音乐的节奏摇晃身体，做好准备。

2.当幼儿听到 B 段音乐时，用锯齿线装饰帽子。B 段音乐有四个小节，每一个小节装饰一个帽子。

玩法三：（难度系数：★★★）

（一）游戏材料

音乐《墨西哥草帽舞》、纸、勾线笔、颜料、颜料盘。

（二）游戏步骤

1.两名幼儿面对面合作游戏。

2.幼儿自主放音乐。

3.幼儿听音乐，当听到 A 段音乐时，一名幼儿在菠萝树上画上菠萝的形态，如图 3-42。

图 3-42

4.另外一名幼儿在听到 B 段音乐时进行手指点画，呈现出菠萝表面的形态，如图 3-43。

图 3-43

5.两名幼儿重复动作，直到音乐停止。

（三）指导要点

1.游戏前引导幼儿熟悉菠萝的基本形态。

2.游戏后师幼共同欣赏、总结，发现音乐的规律和特点，并说说还有没有其他的玩法。

游戏八：鞋匠之舞

一、游戏目标

1.感受随乐"锤"和"捣"游戏的快乐。

2.愿意与同伴合作，知道自己的分工。

3.能够运用多种材料和手法进行创造。

二、游戏玩法

玩法一：（难度指数：★）

（一）游戏材料

音乐《鞋匠之舞》伴奏、皱纹纸、喷壶。

（二）游戏步骤

1.第一次听到 A 段音乐时，把彩色皱纹纸拿在手上准备。

2.第一次听到 B 段音乐时，有节奏地在白色宫格纸上铺满彩色皱纹纸，如图 3-44。

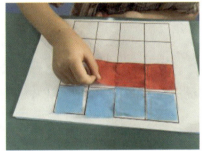

图 3-44

3.第二次听到 A 段音乐时在皱纹纸上喷水，如图 3-45。

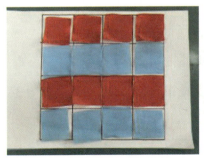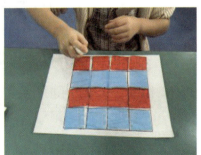

图 3-45

4.第二次听到 B 段音乐时，有节奏地在皱纹纸上进行敲击，如图

3-46。

图 3-46

（三）指导要点

1.听音乐感受音乐为 AB 式。

2.第二次听到 A 段音乐时，幼儿可以唱"拿水喷一喷"作为提示。

3.提供给幼儿 4×4 的宫格纸。

玩法二：（难度指数：★★）

（一）游戏材料

新鲜花瓣若干、捣汁器、纯白棉麻布块、音乐《鞋匠之舞》。

（二）游戏步骤

1.第一次听到 A 段音乐时，把花瓣拿在手上准备。

2.第一次听到 B 段音乐时，有节奏地在麻布上铺花瓣。

3.第二次听到 A 段音乐时，拿一块麻布覆盖在花瓣上。

4.第二次听到 B 段音乐时，有节奏地在麻布上进行敲击，如图 3-47。

图 3-47

（三）指导要点

1. 在敲击的过程中，一只手要放在布的边缘处压住布，以免在敲击过程中麻布发生移动。

2. 在游戏前可引导幼儿了解捣的方法以及注意事项。

玩法三：（难度指数：★★）

（一）游戏材料

音乐《鞋匠之舞》伴奏、皱纹纸、喷壶。

（二）游戏步骤

1. 第一次听到 A 段音乐时，一名幼儿拿红色皱纹纸，另一名幼儿拿蓝色皱纹纸，如图 3-48。

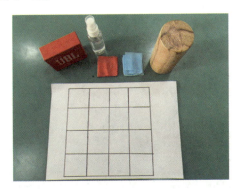

图 3-48

2. 第一次听到 B 段音乐时，有节奏、有规律（ABAB）地在白色宫格

纸上铺满彩色皱纹纸，如图 3-49。

图 3-49

3.第二次听到 A 段音乐时在皱纹纸上喷水，如图 3-50。

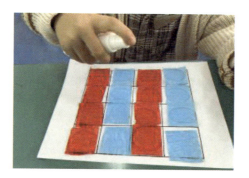

图 3-50

4.第二次听到 B 段音乐时，有节奏地在皱纹纸上进行敲击，如图 3-51。

图 3-51

5. 轻轻地把皱纹纸取下来，如图 3-52。

图 3-52

（三）指导要点

1. 两名幼儿分工合作，共同完成作品。

2. 第一次听到 B 段音乐时，两名小朋友手中拿好不同颜色的皱纹纸，轮流在宫格纸上摆放。

游戏九：幽默曲

一、游戏目标

1. 感受乐曲明快的节奏，体验用绘画表达快乐。

2. 尝试根据音乐情绪的变化选择绘画的内容。

3. 能随音乐进行绘画，并感受乐曲 AB 段结构的变化。

二、游戏玩法

玩法一：（难度指数：★）

（一）游戏材料

音乐《幽默曲》（Op.101）伴奏、白纸、彩色笔。

（二）游戏步骤

1. 教师播放音乐，幼儿选取材料，如图 3-53。

图 3-53

2. 当幼儿听到 A 段欢快音乐时用彩笔在纸上画小浪，当幼儿听到 B 段舒缓音乐时用彩笔在纸上画翻起的大浪，如图 3-54。

图 3-54

3.音乐结束，幼儿互相欣赏自己的作品，如图 3-55。

图 3-55

（三）指导要点

1.音乐分为两段，欢快音乐为 A 段，舒缓音乐为 B 段。

2.在画大浪和小浪时，注意大浪和小浪是连在一起的。

玩法二：（难度指数：★★）

（一）游戏材料

音乐《幽默曲》（Op.101）伴奏、画有树枝的白纸、彩色笔。

（二）游戏步骤

1.幼儿自主播放音乐，并选取材料，如图 3-56。

图 3-56

2. 当幼儿听到 A 段欢快音乐时用彩笔在树枝上画树叶，在听到 A 段欢快音乐最后一个小节时画花，如图 3-57。

图 3-57

3. 当幼儿听到 B 段舒缓音乐时画风，如图 3-58。

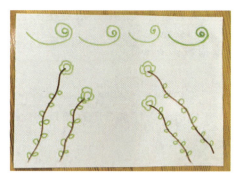

图 3-58

4. 音乐结束，幼儿互相欣赏自己的作品。

（三）指导要点

1. 音乐分为两段，A 段为欢快音乐，B 段为舒缓音乐。

2. 听到 A 段音乐画树叶时，注意树叶的排列顺序。

3. 在听到 A 段最后一小节时画花，幼儿可边画边说"开出一朵花"。

4. 当听到 B 段音乐时画风，幼儿可边画边说"风婆婆来了"或"又吹来了一阵风"。

与音乐文化特色融合的"区分音色绘山水"系列美工区活动

游戏十：太极

一、游戏目标

1. 喜欢拓印活动，感受音乐《太极》的美感。

2. 欣赏音乐，能区分不同乐器的音色特点。

3. 聆听音乐，感受音乐强弱的变化，并能用身体动作表现音乐。

二、游戏玩法

玩法一：（难度系数：★★）

（一）游戏材料

音乐《太极》，山水图片若干、拓印材料。

（二）游戏步骤

1.按照比例调配画液（比例见说明），将画液倒入托盘。

2.将颜料滴入调好的画液中。

3.播放音乐《太极》。

4.根据音乐中不同器乐的音色及节奏，在画液上进行吹画。

5.将纸平铺在画液上，3~5秒取出，作品完成。

（三）指导要点

1.熟悉音乐《太极》，音乐中各乐器的弹奏特点较为明显，但对幼儿来说有一定的难度。

2.引导幼儿用正确的吹气方式进行吹画。

玩法二：（难度系数：★★★）

（一）游戏材料

音乐《太极》，山水图片若干、拓印材料。

（二）游戏步骤

1.按照比例调配画液（比例见说明），将画液倒入托盘。

2.将颜料滴入调好的画液中。

3.播放音乐《太极》。

4.根据音乐中不同器乐的音色及节奏，在画液上使用工具勾勒图案，如：听到古琴时可以勾勒出山的形状，听到流水声时可以勾勒出水的波浪。

5.将纸平铺在画液上，3~5秒取出，作品完成。

图 3-59

（三）指导要点

1. 熟悉《太极》中各乐器的音色特点。

2. 为提升幼儿对音乐的熟悉度，可以随意播放一段音乐，和幼儿开展猜乐器的游戏。

3. 拓印纸不宜在拓印液里长时间停留。